감정이
폭발할 때
꺼내는 책

CAHIER DE
DÉFOULAGE
AU BUREAU

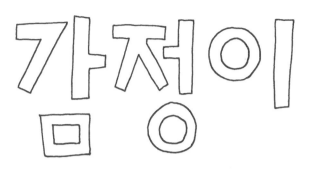

감정이 폭발할 때 꺼내드는 책

CAHIER DE DÉFOULAGE AU BUREAU

스테판 리베로 Stéphane Ribeiro

책/이/있/는/풍/경

감정이
폭발할 때
꺼내는 책

초판 1쇄 인쇄 2017년 2월 8일
초판 1쇄 발행 2017년 2월 15일

지은이	스테판 리베로 Stéphane Ribeiro
옮긴이	김세은
펴낸이	이희철
편집	김정연
마케팅	임종호
북디자인	디자인홍시
펴낸곳	책이있는풍경

등록	제313-2004-00243호(2004년 10월 19일)
주소	서울시 마포구 월드컵로 31길 62 1층
전화	02-394-7830(대)
팩스	02-394-7832
이메일	chekpoong@naver.com
홈페이지	www.chaekpung.com

ISBN   979-11-88041-00-8 03320

이 도서의 국립중앙도서관 출판예정도서목록(CIP)은 서지정보유통지원시스템
홈페이지(http://seoji.nl.go.kr)와 국가자료공동목록시스템(http://www.nl.go.
kr/kolisnet)에서 이용하실 수 있습니다. (CIP제어번호 : CIP2017001941)

자기 일에 과도한 중요성을
부여하는 것도
일종의 우울증이다.

버트런드 러셀
Bertrand Russell

일이 사람들을 위한 아편이라면
나는 일중독에서 벗어나고 싶지 않다.

보리스 비앙
Boris Vian

직장이란 자신에게 딱 맞는, 더 나은 일을
찾지 못한 사람들을 위한 피난처다.

오스카 와일드
Oscar Wilde

직장인을 위한
최고의 근무조건은 휴가다.

장-마리 구리오
Jean-Marie Gourio

나의 이름은?

직장에서 나의 직위는?

이름을 바꿀 수 있다면 어떤 이름을 원하는지 써보자.

나의 직업은?

지금 이 순간,
다른 직업을 선택할 수 있다면?

직장명은 굳이 밝히지 않아도 된다.
하지만 어차피 나만 볼 테니 써놔도 상관없지 않을까?

책을 잃어버렸을 경우 습득한 분*이
친절히 돌려줄 수 있도록 나의 주소를 써두자.

*이 책을 발견하신 분은 아마도 책 주인의 직장동료거나 고용주시겠죠.
절대 열어보지 마시고 황급히 덮은 다음 주인에게 아무 일도 없었던 것처럼
돌려주시기 바랍니다.

주의 | 이 책에 기록한 내용은 노사분쟁조정위원회의 심의에 따라 본인의 의도에 반하는 방식으로 이용되어 신변에 위험을 초래할 수 있으니, 이와 관련해 저자와 편집자에게 정당한 배상을 요구하는 일체의 행위를 포기하시기 바랍니다.

서 명

이 책이 확실한 본인의 소유물임을 증명하기 위해, 이 페이지를 꼭 껴안거나 동그라미 속에 침을 뱉어 자신의 흔적을 남겨놓자.

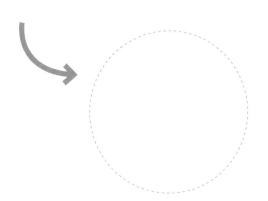

쥐도 새도 모르게 빠져나가기

사무실 평면도를 그려보자. 엘리베이터나 계단 등의 출구도 모두 그려 넣자. 특히 괴팍한 동료와 무시무시한 팀장, 삼엄한 CCTV가 위치한 곳에는 X표를 해둘 것. 금요일 퇴근시간에 아무한테도 들키지 않고 출구까지 무사히 도달할 수 있는 경로를 선으로 표시해두자.

마음속에 있는 말을 그대로 상사에게 날리고 싶은가?
최대한 온화한 느낌으로 예쁘게 색칠해서 전달하자.

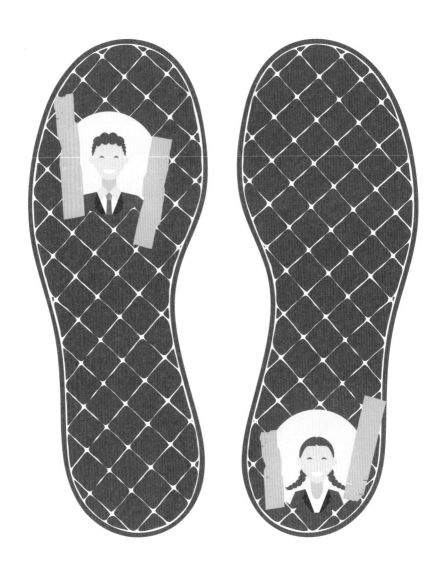

성가신 말로 못살게 구는 상사가 있는가?

상사 얼굴을 그려 넣고 오려낸다. 스카치테이프로 슬리퍼 바닥에 고정한 후

평소와 다르게 힘껏 바닥을 딛으며 걷는다.

우리 사무실 안의 사람들이다.

가장 친한 동료와 나만 알 수 있는 암호명을 지어놓자.

맘놓고 뒷담화할 수 있도록!

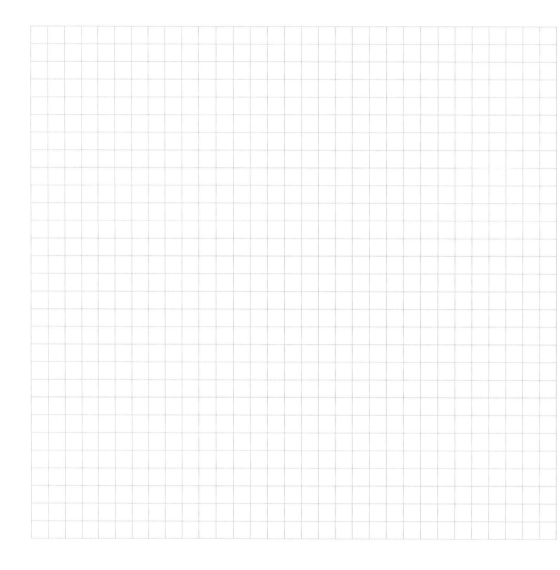

회사 조직도를 그리고 이름과 직위를 써넣는다.

싫어하는 동료의 이름에 붉은색으로 X표를 해놓자.

스테이플러, 가위, 컬러 펜 등등을 빌려 가서 돌려주지 않은

동료의 이름에 검은색으로 동그라미를 쳐놓자.

같이 점심을 먹고 싶은 동료의 이름에는 별표를 하자.

회사 조직도가 어떻게 바뀌었으면 좋겠는가?

상상의 나래를 펼쳐서 내가 원하는 대로 재구성하자.

둘레에 장식된 아기자기한 꽃 덩굴도 예쁘게 색칠해보자.

어디까지나 나의 상상이니까.

자아를 찾아 떠나는 여행

누구보다 월등히
잘한다고 자부하는 일

내 최고의 장점

우리 팀에서 내가
발군의 실력을 보였을 때

집에 있을 때 하고 싶은
일이나 취미

남들과 확실히 다른
나만의 개성

이 회사에 내가
없으면 안 되는 이유

아직 공개되지 않은
극강의 잠재력

친구들이 나를
좋아하는 이유

지금까지 살면서
가장 잘한 일

이 회사에서 일하면서
가장 행복했던 순간

내 능력에 맞는
직위와 호칭

....
....
—— / —— / ——

....
....
—— / —— / ——

....
—— / —— / ——

....
....
—— / —— / ——

....
....
—— / —— / ——

....
....
—— / —— / ——

....
—— / —— / ——

....
—— / —— / ——

—— / —— / ——

퇴근시간에 맞춰 사무실을 나서는데, "반차 내고 일찍 들어가는 거야?" 이런 농담을 재밌는 줄 착각하고 던지는 상사나 동료가 있는가? 집으로 가는 즉시 이름과 날짜, 시간을 꼼꼼하게 기록해두자. 원하는 곳에 압정과 예쁜 반창고를 붙여주자.

멋진 사인 만들기

1차 시도 :

좀 더 근사하게 :

충분히 연습하기 :

팀장이 된 나의 최종 사인 :

사인 다시 만들기 장차 높은 직급에 오르면 물밀듯이 들어오는 결재서류와 서신들에 일사천리, 일필휘지로 사인해야 한다. 그때를 대비해 우스꽝스럽지 않은, 뭔가 그럴싸한 사인을 미리 만들어두자.

☆ BINGO ☆

	최대한 빨리	
○○일밖에 안 남았습니다		
	다시 검토하세요	
		담당자
마감 날짜	주요 과제	
		현재 상황
파워포인트 프레젠테이션		

회의시간에 몰래 하는 빙고 게임에 도전해보자. 우선, 다음번 회의에서 어떤 말이나 표현이 사용될지 예상해서 빈칸에 써넣는다. 예상한 표현이 적중할 때마다 해당 칸에 ∨표시를 할 것. 다 맞으면 손을 들고 '빙고!'를 외치자.

딱 걸렸어, 사내연애

산 좋고 물 좋은 모처의 호텔에서 부서 단합대회를 할 때 은밀한 애정행각을 목격하고 말았다. 누구와 누가 그랬는지 기록해두자. 왼쪽 열과 오른쪽 열에 각각 남자와 여자 직원의 이름을 쓰고 눈이 맞은 커플끼리 선을 긋는다.

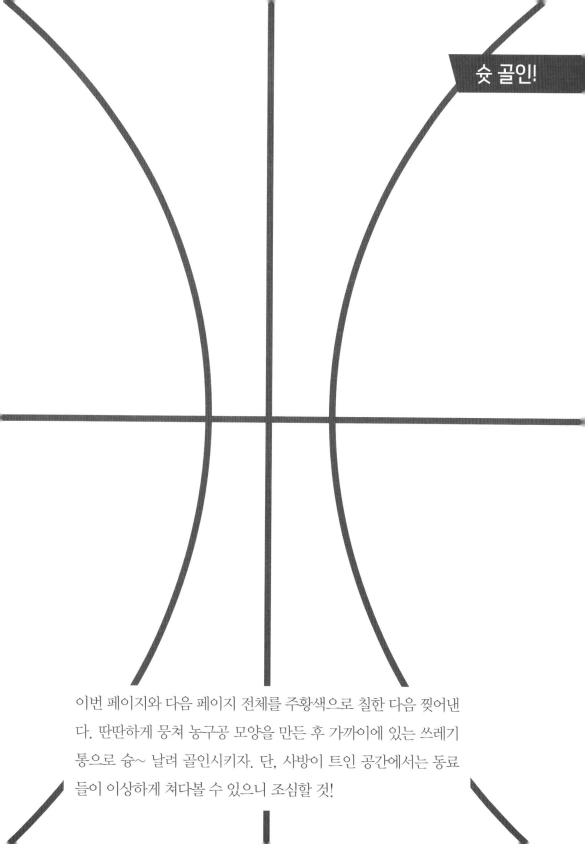

이번 페이지와 다음 페이지 전체를 주황색으로 칠한 다음 찢어낸다. 딴딴하게 뭉쳐 농구공 모양을 만든 후 가까이에 있는 쓰레기통으로 슝~ 날려 골인시키자. 단, 사방이 트인 공간에서는 동료들이 이상하게 쳐다볼 수 있으니 조심할 것!

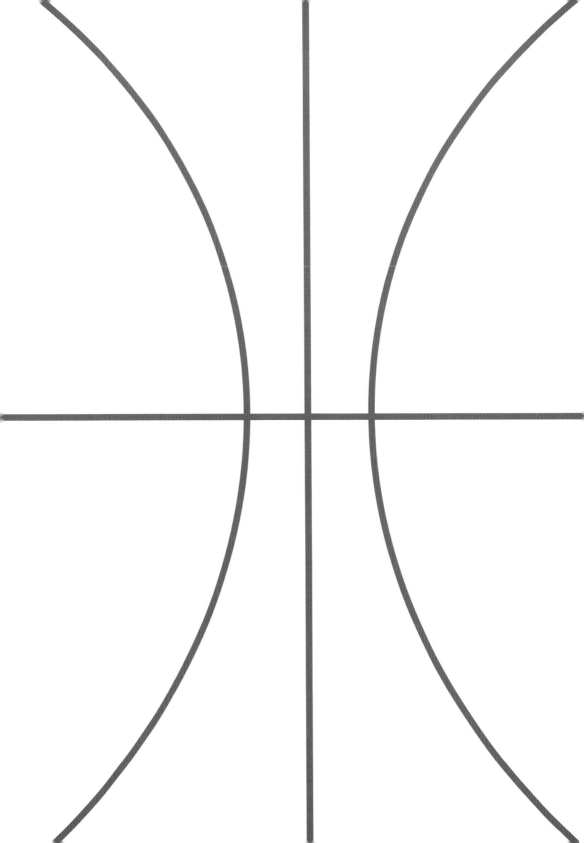

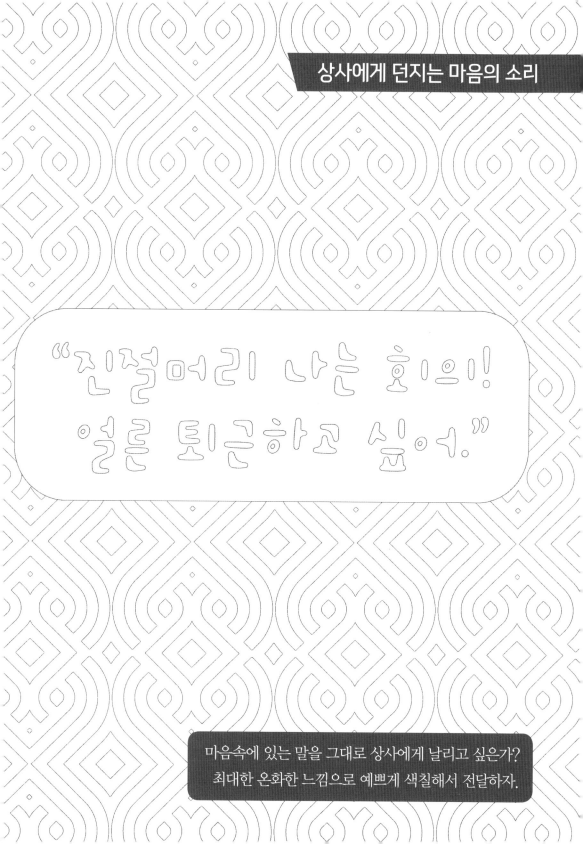

"진절머리 나는 회으!
얼른 퇴근하조 싶어."

마음속에 있는 말을 그대로 상사에게 날리고 싶은가?
최대한 온화한 느낌으로 예쁘게 색칠해서 전달하자.

회사를 그만두고 싶을 때

회사를 당장이라도 그만두고 싶다면 퇴사 후에 할 수 있는 일이나 이직하고 싶은 업종, 좋아하는 일 또는 취미를 사업으로 발전시킬 수 있는 아이템 등 최소 다섯 가지 이상 써보자!

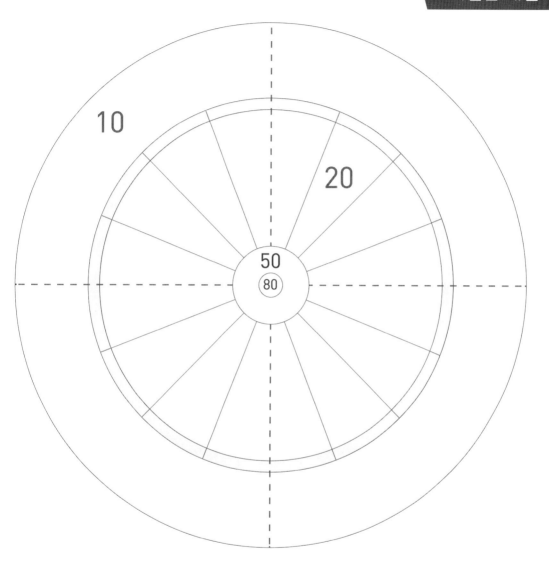

아니꼬운 직속 상사(또는 오늘따라 유독 신경을 거슬리게 하는 동료)의 사진을 과녁 정중앙에 붙인다. 오색 빛깔로 색칠해 과녁을 꾸민 다음, 이 책을 보란 듯이 책상 위에 올려놓자. 자, 이제 큼직한 유성 매직펜 세 개를 쥐고 2미터 뒤로 물러난 후, 다트 게임의 화살이라고 생각하고 던진다. 다 던졌으면 점수를 매기고, 전체 점수가 향상될 때까지 열심히 연습할 것. 상사의 사진이 없을 경우 다음번 연말 면담 때 유심히 관찰해서 직접 그려두자.

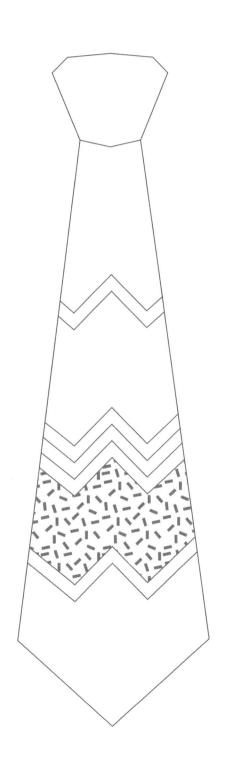

넥타이에 무늬를 더 그려 넣고 색을 칠해서 세련되고 독창적인 멋을 살린다. 다음 회의 때 매고 가서 '멋을 아는 프로'라는 인식을 제대로 심어줄 것! 당신이 여성이거나 혹은 목이 없어서 평생 넥타이 맬 일이 없다면, 누구보다 멋들어지게 소화할 것 같은 동료에게 선물하자.

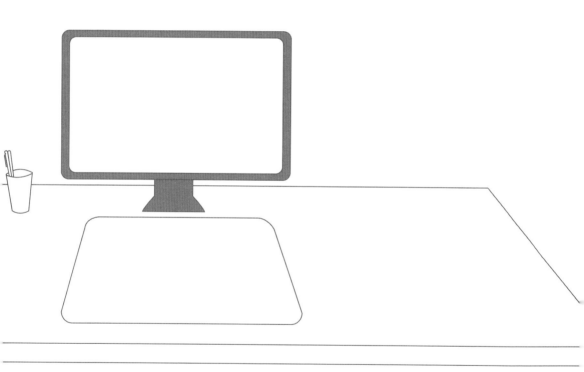

책상에 앉았을 때 눈앞에 보이는 풍경을 그려보자. 어
둡고 칙칙해 보인다면 갖가지 요소를 더해 상큼하고
발랄하게 꾸며보아도 좋다.

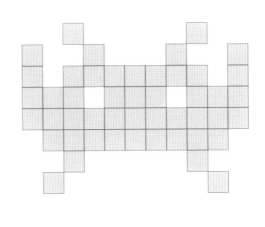

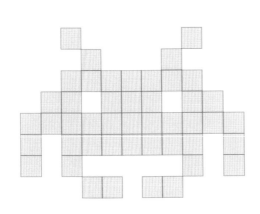

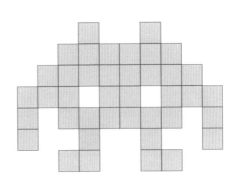

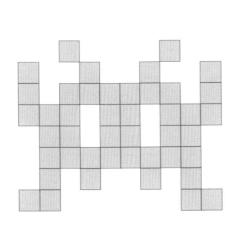

위의 도안은 컴퓨터 게임 '스페이스 인베이더'에 나오는 캐릭터다. 각 칸의 크기에 맞게 다양한 색의 포스트잇을 잘라 붙여 캐릭터를 완성한 다음, 사무실 벽에 높이 붙여놓자. 스페이스 인베이더 캐릭터를 묘사한 거리미술이 유행하는 파리 시내 곳곳처럼 생동감 넘치는 분위기로 변신할 것이다.

위의 패턴을 곱게 색칠해서 세상에 둘도 없는 나만의 스카프를 만들자! 잘 오려내어 멋들어지게 둘러보자. 친한 친구에게 선물해도 좋다.

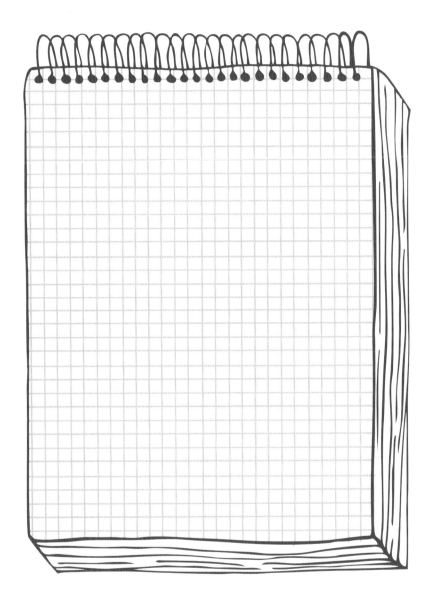

빨간색, 파란색 펜으로 맞은편에 있는 동료와
4구 오목을 두자. 단, 맞은편 동료가 상사가
아닌지 꼭 확인할 것!

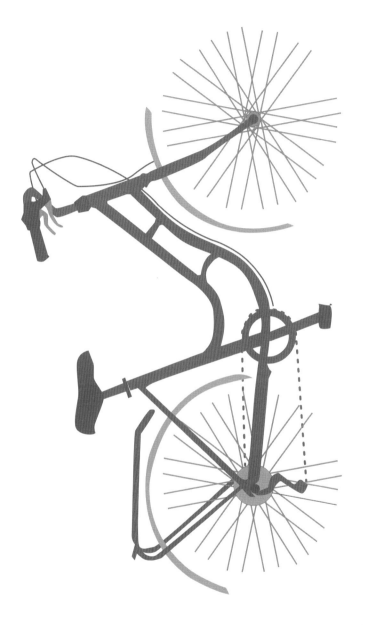

커피를 한 잔 가져온다. 잔을
좀 세게 흔들어서 커피가 살짝
흘러내리게 한다. 바퀴 부분에
올려놓는다. 자전거 완성!

내 책상이나 동료의 책상을 전체가 다 나오도록 사진을 찍어 프린트한다. 그리고 문서파쇄기에 넣어 갈아버린다. 갈가리 찢어진 조각들을 원래 모양대로 다시 붙인다. 오늘 하루는 눈코 뜰 새 없이 바쁠 거라고 미리 동료들에게 말해두자.

두 말하면 잔소리겠지만, 회사는 곰돌이랑 곰순이가
알콩달콩 살아가는 동화 속 세상이 아니다. 그래도 상
상은 자유니까. 무지개, 유니콘, 곰인형, 지팡이사탕
으로 가득한 꿈 같은 세상을 떠올리며 색을 칠해보자.

이달의
우수 사원

액자에 내 얼굴을 그리고 잘 오려서,

사무실 사람들이 가장 많이 드나드는 커피 타는 탁자 위에 붙여놓자.

회의시간에 머릿속에 떠오르는 이미지들을 손 가는 대로 마음껏 그려보라.
단, 겉으로는 회의를 경청하는 인상을 풍겨줘야 한다.

지금 안 하면 평생 못해

점심식사를 포기하고(물론 바람직한 방법은 아니다) 내 인생 최초의 소설을 써보자. 음, 제목은《(회사 이름   )에서 첫눈에 홀딱 반한 사랑》으로 하면 어떨까? 일단 두 페이지만 써보자. 더 참신한 아이디어가 있다면 제목은 자유롭게 바꿔도 상관없다.

쥐꼬리만한 월급으론 엄두도
못 낼 명품 신발들! 예쁘게 칠
해 걸어두고 가끔 쳐다라도
보자. 그림만은 내 것이니까!

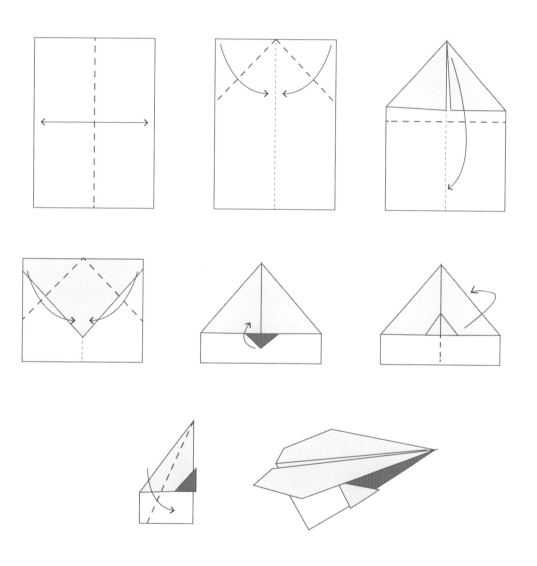

A4 용지로 종이비행기를 접은 후, 인사부 나○○ 부장 이메일로
'비행기 멀리 날리기' 시합 도전장을 보내자. 내 비행기가 훨씬 더
멀리 날아갈 거라고 으름장을 놓자. 단, 확 트인 공간을 확보해야
한다.

커피를 한 잔 갖고 온다. 좀 세게 흔들어서 커피가 살짝 흘러내리게 한 다음 컵 밑바닥을 꾹꾹 찍어 넣는다. 그렇게 동그라미를 여러 개 만든 후에, 지금 내 기분이 어떤지 나타내 주는 이모티콘을 그려 넣자!

자기는 할 줄도 모르면서 이래라저래라 가르치려 드는 직장 사수가 있는가? 그런 몹쓸 무리를 위해 미리 공동묘지를 준비해주는 것은 어떨까? 그들의 묘비명에 적힐 문구도 마음껏 상상해보라!

오늘 회의시간에는 집중은 금물. 이탈리아 시스티나 성당 천장에 그려져 있는 미켈란젤로의 명작 〈아담의 창조〉를 나만의 방식으로 재창조할 시간이다! 막막하다면 위의 원작을 참고해서 그릴 것.

자신감이 바닥으로 떨어졌는가? 지금껏 인생을 살면서,
또 직장생활을 하면서 멋지게 해낸 일들을 떠올려 랭킹을
매겨보자. 순식간에 자신감을 100% 충전해버리자!

나만의 간식시간

하늘이 두 쪽 나도 동료들이 알면 안 될 나의 치부를 써넣는다.
그다음 이 페이지를 찢어서 입에 넣고 잘근잘근 씹어 삼키자.

할 일	목표일	완수한 날
--------------------------------------- ---------------------------------------		------- / -------
--------------------------------------- ---------------------------------------		------- / -------
--------------------------------------- ---------------------------------------		------- / -------
--------------------------------------- ---------------------------------------		------- / -------
--------------------------------------- ---------------------------------------		------- / -------
--------------------------------------- ---------------------------------------		------- / -------
--------------------------------------- ---------------------------------------		------- / -------
--------------------------------------- ---------------------------------------		------- / -------
--------------------------------------- ---------------------------------------		------- / -------

살면서 안 하면 후회할, 언젠가는 반드시 해야 할 일의 목록을 작성하라. 직장 일이든 다른 일이든 다 괜찮다. 웃긴 일이든 안 웃긴 일이든 상관없다. 하지만 언젠가는 꼭 완수해야 한다.

험한 세상 포근한 곰순이가 되어

오늘 하루가 영 엉망이었는가? 여기 곰순이와 아기곰이 있다.
곱게 색칠한 다음 두 팔 벌려 와락 안아주자.

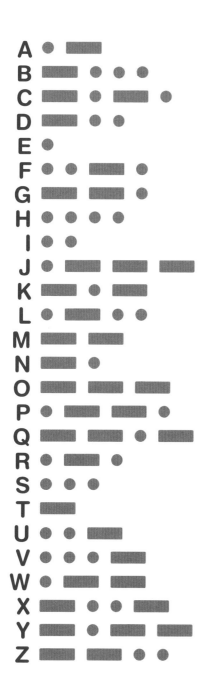

다음 회의시간에는 볼펜으로 탁자를
두드려 옆자리 동료에게 구출 요청을
보내자!

아무도 알면 안 될 나만의 일급비밀을
최대한 작게 써넣는다.

커피 타임에 가장 즐기는 대화 소재 :

탕비실에서 가장
좋아하는 커피 :

가장 즐겨
쓰는 펜 :

한껏 뽐내고 싶을 때
입는 옷 :

가장 즐겨 쓰는
소프트웨어 프로그램 :

사무실 책상에 있는 물건 중
가장 좋아하는 것 :

회의시간에
선호하는 역할 :

스마트폰에서
가장 좋아하는 앱 :

점심시간에 구내식당에서
즐겨 앉는 자리 :

근무 중에 가장
즐겨 찾는 웹사이트 :

퇴근 후 동료들과 함께 하는
가장 좋아하는 일 :

동료가 몰랐으면 하는
내 특급 비밀 :

가장 좋아하는 동료 :

승진을 위해 함께 불타는 밤을
보내고 싶은 상사 :

친구? 그냥 동료? 애인?

- 귀찮게 구는 사람 / 눈치 없고 둔한 사람

- 함께 불타는 밤을 보내고 싶은 사람

- 경계해야 할 요주의 인물

- 함께 불타는 밤을 보낸 사람

- 친구 사이

- 지저분하게 먹는 사람

- 재미있는 사람

- 호시탐탐 내 자리를 노리는 비열한 인간

- 상냥한 사람

- 패션 테러리스트

- 멍청이

- 제거 대상

- 함께 밤을 보낼 가능성이 0%인 사람

왼쪽에 동료들의 이름을 쓴 다음 오른쪽에서 해당하는 설명을 찾아
선으로 연결하자(복수 선택 가능).

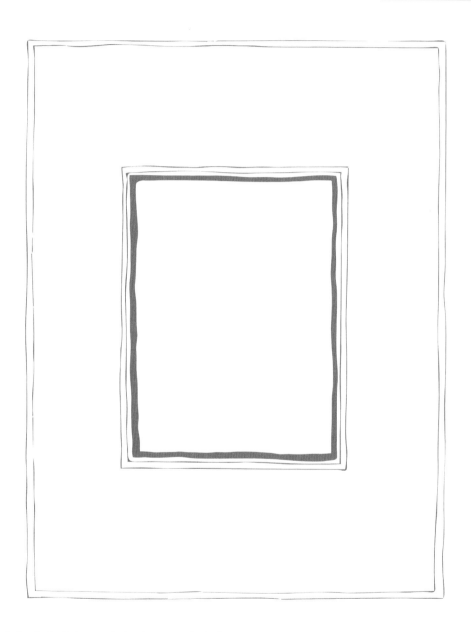

명언이나 영화대사, 노랫말, 혹은 동양사상 같은
삶의 본보기가 될 만한 문구를 찾아내서 큼지막하게 써넣자.
이 페이지를 찢어서 눈에 잘 띄는 곳에 붙여놓자.

커피 한 잔을 가져온다. 여기에 커피를 살짝 흘리고 책을 덮었다가 다시 펼친다. 얼룩을 보고 무엇이 연상되는지 글로 표현해보자. 단, '커피 얼룩'이라는 말은 제외할 것.

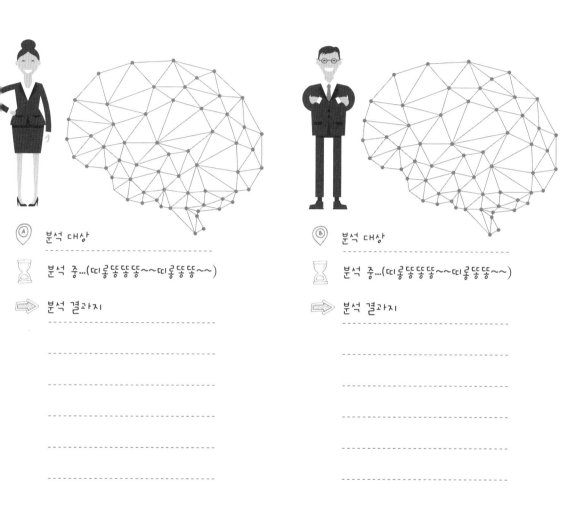

분석 대상

분석 중...(띠롱뚱뚱뚱~~띠롱뚱뚱~~)

분석 결과지

분석 대상

분석 중...(띠롱뚱뚱뚱~~띠롱뚱뚱~~)

분석 결과지

우리 회사 밉상 1, 2호의 뇌구조를 분석해보자. 뇌의 조각별로 색을 칠해 색깔별로 분류
해보자. 똥 99%라는 식의 너무 성의 없는 분석은 지양할 것!

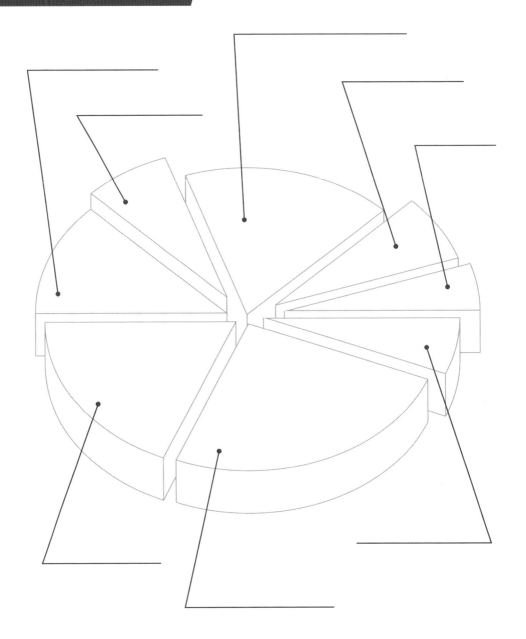

업무, 커피 타임, 수다 떨기, 페이스북 확인, 인터넷 검색, 점심시간, 지겨운 회의 등 당신의 일상들에 우선순위를 정해 위의 표를 완성해보자. (혹시 그 일상생활 중에 '색칠하기'도 포함되어 있다면 여기에 곱게 색을 칠해 꾸며보아도 좋다.)

퇴근시간이네. 오늘 나 자신이 참 자랑스러워. 왜냐하면...

---	___ / ___ / ___
---	___ / ___ / ___
---	___ / ___ / ___
---	___ / ___ / ___
---	___ / ___ / ___
---	___ / ___ / ___
---	___ / ___ / ___
---	___ / ___ / ___
---	___ / ___ / ___
---	___ / ___ / ___
---	___ / ___ / ___
---	___ / ___ / ___
---	___ / ___ / ___
---	___ / ___ / ___
---	___ / ___ / ___
---	___ / ___ / ___
---	___ / ___ / ___
---	___ / ___ / ___
---	___ / ___ / ___
---	___ / ___ / ___

한 달간 매일 퇴근할 때 스스로 잘했다고 생각하는 일을 쓰고 날짜를 기록해보자.

여기 화장실 문이 있다. 자유롭게 낙서해보자.
원한 맺힌 동료에게 해주고 싶었던 악담을 실
컷 써놓아도 좋다.

수염, 안경, 나비넥타이를 개성 있게 꾸며보자. 예쁘게 오려내서 얼굴에 쓰면 정보기술 분야를 선도하는 엘리트 분위기가 날 것이다. 머쓱하다면 동료를 변신시켜도 좋다. 천재 들로 구성된 전도유망한 신생기업에서 일하고 있는 듯한 느낌이 날 것이다.

사무실 평면도를 속속들이 살펴보고 은밀하게 사랑을 속삭이기 좋은 공간에 붉은 색으로 동그라미 표시를 해 두자.

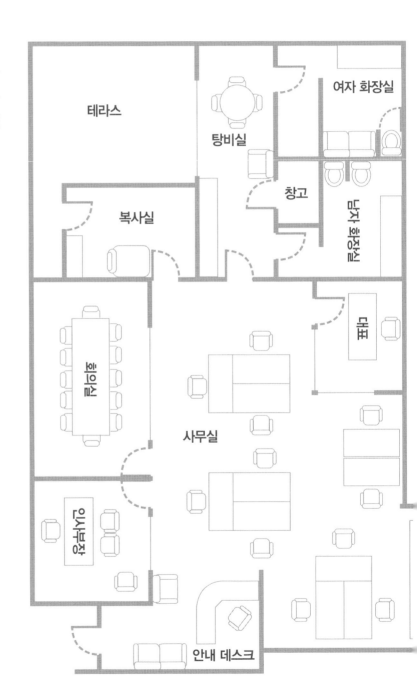

졸릴 때, 화날 때
예쁘게 색칠해두자.
지금 당장 갈 수는 없어도
언젠가 꼭 가보겠다는
다짐과 함께!

백 번 쓰기

1	26
2	27
3	28
4	29
5	30
6	31
7	32
8	33
9	34
10	35
11	36
12	37
13	38
14	39
15	40
16	41
17	42
18	43
19	44
20	45
21	46
22	47
23	48
24	49
25	50

'바보 뚱뚱보 부장'이라고 백 번 쓰다 보면 화가 가라앉을 것이다.
울화를 삭이기에 더 효과적인 말이 떠오르면 과감하게 시도해보자.

51 --------------------------------
52 --------------------------------
53 --------------------------------
54 --------------------------------
55 --------------------------------
56 --------------------------------
57 --------------------------------
58 --------------------------------
59 --------------------------------
60 --------------------------------
61 --------------------------------
62 --------------------------------
63 --------------------------------
64 --------------------------------
65 --------------------------------
66 --------------------------------
67 --------------------------------
68 --------------------------------
69 --------------------------------
70 --------------------------------
71 --------------------------------
72 --------------------------------
73 --------------------------------
74 --------------------------------
75 --------------------------------

76 --------------------------------
77 --------------------------------
78 --------------------------------
79 --------------------------------
80 --------------------------------
81 --------------------------------
82 --------------------------------
83 --------------------------------
84 --------------------------------
85 --------------------------------
86 --------------------------------
87 --------------------------------
88 --------------------------------
89 --------------------------------
90 --------------------------------
91 --------------------------------
92 --------------------------------
93 --------------------------------
94 --------------------------------
95 --------------------------------
96 --------------------------------
97 --------------------------------
98 --------------------------------
99 --------------------------------
100 --------------------------------

무기력

가소로움   거짓말쟁이

이기주의자

패션 테러리스트

고집불통   잘난 척 대마왕

악질   왕재수

아부쟁이

자신의 패배를 인정하지 않는 사람

불공평

심술쟁이   구두쇠

변덕쟁이

위선자   음탕함   게으름뱅이

쫄보   편집증

따분함

비열함

속물

위에 열거한 단어 중 내 상사에게 해당되는 것에 동그라미를 친다. 아무리 나쁜 사람이라도 조금이라도 덜 나쁜 측면이 있을 수 있으니, 그래도 인정해줄 만한 가치가 있을지 판단해보자. (너무 약하다 싶으면 엑스표 치고 아래에다 맘껏 바꿔 써도 좋다. 사실 책이라 조금 착한 척했을 뿐^^)

당신 말 따위

그냥 듣는 척

하는 거야!

마음속에 있는 말을 그대로 상사에게 날리고 싶은가?
최대한 온화한 느낌으로 예쁘게 색칠해서 전달하자.

쌓아두지 말고 속 시원하게

1 --
2 --
3 --
4 --
5 --
6 --
7 --
8 --
9 --
10 ---
11 ---
12 ---
13 ---
14 ---
15 ---
16 ---
17 ---
18 ---
19 ---
20 ---

현재 직장에서 불만사항, 바로잡아야 할 문제, 내 신경을 박박 긁는 일, 탈출 욕구를 일으키는 것, 변화가 절실한 사안을 모두 써보자.

1 --
2 --
3 --
4 --
5 --
6 --
7 --
8 --
9 --
10 ---
11 ---
12 ---
13 ---
14 ---
15 ---
16 ---
17 ---
18 ---
19 ---
20 ---

현재 직장에서 만족하는 점, 유쾌한 일, 출근시간이 절로 기다려지는 일이 무엇인지 모두 써보자. 이 목록을 잘 간직했다가 이 직장에서 나의 진정한 역할이 뭘까 회의감이 들 때 꺼내 보자.

의욕이 떨어질 때 다시 읽어보는 글

내가 이 일을 선택한 이유는 ....

매일 나 자신이 대견한 이유 두 가지를 꼽으면, 첫째 ....

.... 둘째 ....

나는 이 회사에서 일한 후로 더 .... 한 기분이 들고,

.... 해서 상사와 동료들에게 자주 칭찬을 듣는다.

내가 내 일을 사랑하는 이유 두 가지를 꼽으면, 첫째 ....

.... 둘째 ....

이 일의 이점으로 당연히 월급을 빼놓을 수 없는데, 그게 얼마냐면 ....

동료들이 거의 다 고마운데 특히 .... 와(과) .... ,

.... 이(가) 내게 참 잘해준다!

매일 아침 .... 생각만 하면 얼른 일어나 일하러 가고 싶어진다.

어쨌든 나는 내 일이 참 좋다!

보내는 사람 : 나

주의사항 : ....

거짓말은 넣지 말고 최대한 낙관적인 태도로 이 편지를 완성해 나 자신에게 부치자. 직장에서 내 역할이 무엇인지 되새기고 싶을 때 다시 꺼내 읽을 수 있도록...

밉상 1호

죄명

형량

밉상 2호

죄명

형량

밉상 3호

죄명

형량

그놈이
알고싶다

정말 미운 밉상 1, 2, 3호를 선정하자. 그리고 고발 프로그램인 그놈이 알고 싶다에 출연시켜 죄상을 낱낱이 밝히자. 기준에 맞게 구형까지! 빵에 들어가도 절대 면회 가지 말고 사식도 넣어주지 말자고 다짐하자!

좋아,
(좀 더 참고)
계속 다니자...

이 직장을 당장 관두지 말아야 할 이유 열 가지를 찾아보자. 20년 남은 대출금 상환이 두렵다는 등의 이유도 있겠지만, 좀 더 진지하게 고민해보고 합당한 이유를 열거해보자.

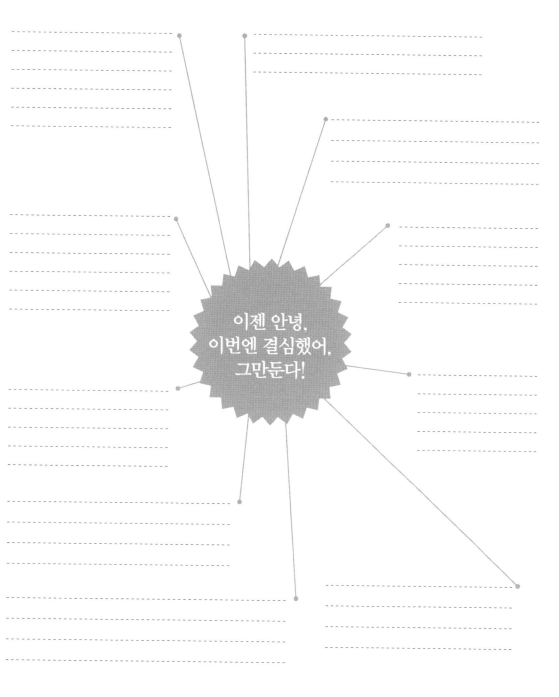

이젠 안녕,
이번엔 결심했어,
그만둔다!

이 직장을 당장 관둬야 하는 이유를 열 가지 찾아보자. 상사가 멍청하다거나, 금요일 저녁 7시에 회의를 한다는 등의 이유도 있겠지만, 좀 더 진지하게 고민해보고 합당한 이유를 적어보자.

일 생각일랑 접어두고

다음 휴가를 어디로 가면 좋을지

궁리해보자!

세계지도 색칠하기 :

빨간색 – 이미 가봤고 가장 만족스러웠던 나라

주황색 – 이미 가봤고 어느 정도 괜찮았던 나라

노란색 – 휴가 때 가려고 일순위로 점찍어둔 나라

하늘색 – 2순위로 가보고 싶은 나라

파란색 – 당장은 아니지만 언젠가는 갈 의향이 있는 나라

초록색 – 별로 가보고 싶지 않은 나라

보라색 – 가보기 무서운 나라

밤색 – 절대 갈 일이 없는 나라

회색 – 이름조차 모르고 휴가 갈 일은 더더욱 없는 나라

레이저 프린터 덮개를 열어 잉크 카트리지를 빼낸다.
잉크를 줄줄 흘려 생애 최초의 표현주의 추상화를 창조하라.

오늘 오후, 회계관리팀과 회의를 할 예정이다.
경치 좋은 해변에서 망중한이나 즐기면 얼마나 좋을까. 그곳을 상상하며 색칠하기!

살면서 소소하게 갖게 된 열 가지

2 즐겨 쓰는 욕설 2개

----

1 내 인생 최대의 원수 1명

----

3 활기를 되찾고 싶을 때 주로 부르는 노래 3개

----

4 일상을 벗어나고 싶을 때
즐겨 찾는 장소 4곳

----

5 퇴근 후 한잔할 때
자주 가는 술집 5군데

----

6 재수 없는 날 기분을 푸는 방법 6가지

7

배가 아픈 날 집에서
쉬면서 보는 영화 7개

9

내 인생을 빛낸
영광의 순간 9가지

8

도저히 답을 못 찾고 있는 질문 8가지

------------------- -------------------
------------------- -------------------
------------------- -------------------
------------------- -------------------

10

회사에서 꼭 일어나거나 일어나지 말기를 바라는 일 10가지

------------------- -------------------
------------------- -------------------
------------------- -------------------
------------------- -------------------
------------------- -------------------

당신이 없으면
우리 부서 업무가
마비될지도 몰라요!

같이 일하게 돼서
기뻐요.

당신은 정말이지
이 회사에 꼭 필요한
산소 같은 존재예요.

당신 없이 나 혼자서는
아무 일도 못 해요.
그나저나 그 넥타이 참 근사하네요.

살 좀 빠졌죠,
그죠?

당신은
아이디어가
번뜩이고
마음씨가
비단결처럼
부드럽군요.

위의 예시를 참고하여 동료들에게 칭찬을 해주고,

누구에게 언제 칭찬했는지도 기록해두자.

또 그 밖에 어떤 칭찬이 있을지 적어보자.

LoTTo 6/45

당첨번호 B자동 08 17 23 30 38 39

	1025
	DATE _____

PAY TO THE
ORDER OF **일금 이십억원**   **2,000,000,000 ₩**

🔒 Security Features
Included.
Details on Back

MEMO _____   _____

⑈｢0000000000⑈ ⑈00000000000⑈   ⑈025

- -

- -

- -

- -

- -

로또 1등에 당첨된다면 당장 하고 싶은 것 10가지만 적어보자. 물질적인 것도 있겠지만,
가슴 속에 숨겨두었던 사표를 제출하거나, 아니면 나이도 몇 살 차이 나지 않으면서 늘
예의 없이 굴던 ○○부장이나 ○○차장에게 통쾌하게 한마디 날리는 것? 야, 커피쯤은
네가 직접 타 먹어! 넌 손발이 없니! (휴, 속 시원하다! 늘 하던 상상, 이제 같이 해보자.)

세뇌하라

1	26
2	27
3	28
4	29
5	30
6	31
7	32
8	33
9	34
10	35
11	36
12	37
13	38
14	39
15	40
16	41
17	42
18	43
19	44
20	45
21	46
22	47
23	48
24	49
25	50

기진맥진해서 당장 회사를 때려치우고 싶을 때, 다음 문장 중에 하나를 골라 백번 써보자. 애들을 봐서라도 참자 / 돈 벌어야지 / 명예를 생각해야지 / 맛있는 거 많이 먹으려면 일해야지 / 내가 봐둔 명품! / 술, 담배에 찌들어 살지 않으려면 일해야 돼

51 ....
52 ....
53 ....
54 ....
55 ....
56 ....
57 ....
58 ....
59 ....
60 ....
61 ....
62 ....
63 ....
64 ....
65 ....
66 ....
67 ....
68 ....
69 ....
70 ....
71 ....
72 ....
73 ....
74 ....
75 ....

76 ....
77 ....
78 ....
79 ....
80 ....
81 ....
82 ....
83 ....
84 ....
85 ....
86 ....
87 ....
88 ....
89 ....
90 ....
91 ....
92 ....
93 ....
94 ....
95 ....
96 ....
97 ....
98 ....
99 ....
100 ....

/ 대출금 갚아야지 / 부모님께 효도해야지 / 나중에 아주 크고 멋들어진 세단을 굴리려면... / 미식가로서 별 세 개짜리 레스토랑을 계속 다니고 싶어

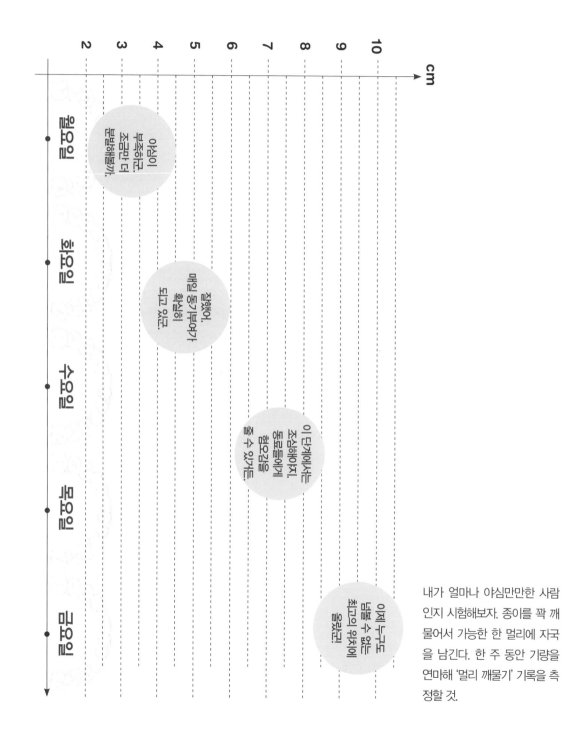

cm

10
9
8
7
6
5
4
3
2

월요일
야심이
부족하군.
조금만 더
분발해볼까.

화요일
점점이,
매일 동기부여가
확실히
되고 있어.

수요일
이 단계에서는
조심해야지,
동료들에게
질 수 있거든.

목요일

금요일
이제 누구도
넘볼 수 없는
최고의 위치에
올랐군!

내가 얼마나 야심만만한 사람
인지 시험해보자. 종이를 꽉 깨
물어서 가능한 한 멀리에 자국
을 남긴다. 한 주 동안 기량을
연마해 '멀리 깨물기' 기록을 측
정할 것.

회의나 세미나에서, 혹은 휴게실에서 동료들이 했던 최악의 말실수나 웃긴 말을 기록해 두자. 누가 그랬는지 이름과 장소, 시간도 써둔다. 나중에 다시 떠올려보는 데 도움이 될 것이다.

왼쪽에는 '지금 하는 일보다 훨씬 더 잘할 수 있을 텐데' 하는 생각이 드는 선망의 직업을 모두 써보자. 오른쪽에는 지금까지 가졌던 직업 중에 성과가 가장 저조했던 것을 쓴다.

"잘 모르면서 아는 척하는 당신은 바보."

마음속에 있는 말을 그대로 상사에게 날리고 싶은가?
최대한 온화한 느낌으로 예쁘게 색칠해서 전달하자.

사람은 생각하는 동물

--- ——/——/——
--- ——/——/——
--- ——/——/——
--- ——/——/——
--- ——/——/——
--- ——/——/——
--- ——/——/——
--- ——/——/——
--- ——/——/——
--- ——/——/——
--- ——/——/——
--- ——/——/——
--- ——/——/——
--- ——/——/——
--- ——/——/——
--- ——/——/——
--- ——/——/——
--- ——/——/——
--- ——/——/——
--- ——/——/——
--- ——/——/——
--- ——/——/——
--- ——/——/——
--- ——/——/——
--- ——/——/——

번번이 비슷한 이유로 지각하는가? 다시는 되풀이하지 않도록 지각 사유를 종류별로 기록해 분석해보자. 지각한 날짜도 쓴다. 아울러 그 외에 지각할 이유들에는 어떤 것이 있을지 예상해서 써두자.

하루에 한 번 좋은 일

월요일	월요일	월요일	월요일
....	....	....	....
....	....	....	....
....	....	....	....
....	....	....	....

화요일	화요일	화요일	화요일
....	....	....	....
....	....	....	....
....	....	....	....
....	....	....	....
....	....	....	....

수요일	수요일	수요일	수요일
....	....	....	....
....	....	....	....
....	....	....	....
....	....	....	....
....	....	....	....

목요일	목요일	목요일	목요일
....	....	....	....
....	....	....	....
....	....	....	....
....	....	....	....
....	....	....	....

금요일	금요일	금요일	금요일
....	....	....	....
....	....	....	....
....	....	....	....
....	....	....	....
....	....	....	....

4주간 매일, 하루 중 좋았던 순간을 기록해두자. 아주 잠깐일지라도 행복한 기분, 감동, 소소한 즐거움을 느낀 순간이 있었다면 놓치지 말고 기록하자. 필요할 경우 이 페이지를 복사해서 매달 적어두는 것도 좋다.

받침 없는 글자로

받침 넣어서

글꼴 이름은? ···

보고서에 쓰면 혼나는 '엽서체'를 대체할 만한
혁신적이고 궁극적인 글꼴을 새로 개발해보자.

"나의 단기 목표는 퇴근하는 것"

마음속에 있는 말을 그대로 상사에게 날리고 싶은가?
최대한 온화한 느낌으로 예쁘게 색칠해서 전달하자.

이 발자국 위에 올라가 주변을 다른 시각에서 바라보자. 영 불편하다면 다시 내려와 발자
국을 창의적으로 색칠해보자. 세상을 색다른 관점으로 보는 기회로 삼을 것!

동료나 상사, 혹은 어떤 고객에게 복수의 칼을 갈고 있는가? 혹시 홧김에 계단 밑으로 확 밀어버리고 싶은 충동을 느끼는가? 자, 진정하고 클립 한 뭉치를 꺼내자. 클립을 곧게 편 다음 그걸 다시 구부려 내 이름을 만든다. 이제 스카치테이프로 여기에 붙이면 완성! 집중하다 보면 마음이 조금은 풀릴 것이다.

지금 당장 폭발할 것 같을 때

☐ 탁구공을 하나 산다. 이 책을 한 권 더 구매해서 동료에게 빌려준다. 그리고 함께 회의실에 가서 이 책을 가지고 탁구를 친다. 참, 네트가 있어야 하니 책상 가운데 노트북을 몇 대 올려두자.

☐ 부장님 커피에 갓 만든 신선한 침을 첨가해 좌 삼삼 우 삼삼 예쁘게 저어준 후 공손히 가져다 드린다.

☐ 과장님이 담배 태우러 나가면 쥐도 새도 모르게 의자 한쪽 바퀴를 살포시 풀어놓는다.

☐ 이베이에 나 자신을 내놓고 팔아보자. 시작 가격은 천 원으로 책정한다.

☐ 애니메이션 〈캐츠 아이〉의 여자 괴도들이 예고장을 던지듯 내 명함을 멋지게 던지는 기술을 연습한다.

☐ 늘 타박만 하던 대리가 급히 화장실을 가면 몰래 뒤쫓아간다. 대리가 들어가 앉아 평화를 만끽한 바로 그 순간, 식은 커피를 집어던진 후 얼른 돌아와 자리에 앉는다. 난 아무것도 모른다!

☐ 사무실 안에서는 이동 시 언제나 '문워크'로.

☐ 앞자리에 앉은 동료와 눈싸움을 한다.

☐ 회사 임원진에 대해 어떻게 생각하는지 솔직하게 쓴 다음 이 페이지를 찢어서 잘근잘근 씹어 삼킨다.

보아 하니, 오늘도 제대로 점심 먹으러 갈 짬이 안 날 듯하다. 햄버거를 먹음직스럽게 색
칠해뒀다가 배고파 죽을 지경이 되면 이거라도 먹어치우자.

나에게 일이란?

돈을 받고 했던 첫 일 : _____

생애 처음으로 번 돈의 액수 : _____

학생 또는 수습사원 신분으로 가장 잘했던 업무 : _____

학생 또는 수습사원 신분으로 가장 못했던 업무 : _____

첫 직업이라고 당당하게 말할 수 있는 일 : _____

내 생애 첫 직장 : _____

내 생애 첫 직장의 사장 : _____

이후에 가졌던 일(들)이나 다녔던 회사(들): _____

미래에 가고 싶은 회사: _____

그 길을 택했다면 지금쯤 더 열의를 갖고
일할 텐데 하는 후회가 드는 직업 : _____

일하면서 가장 행복했던 회사 : _____

일하면서 가장 불행했던 회사 : _____

해고당했던 회사 : _____

연줄로 얻었던 일 : _____

현재 일에서 좋은 점 : _____

현재 일에서 싫은 점 : _____

현재 일에서 도저히 이해가지 않는 점 : _____

근무시간 중에 가장 좋은 순간 : _____

근무시간 중에 가장 싫은 순간 : _____

아침마다 스스로 동기부여할 때 하는 생각 : _____

편안히 잠들기 위해 되도록 피하려는 생각 : _____

일과 관련해 꿨던 최악의 악몽 : _____

현재 연봉 :

이 정도는 받아야 한다고 생각하는 연봉 :

이 정도 이상이면 정말 만족할 만한 연봉 :

내가 무슨 일을 하는지 부모님이 궁금해하시면
어떻게 설명하겠는가 :

사장에게 붙여준 별명 :

사장의 말과 행동 중 가장 짜증나는 것 :

사장의 말과 행동 중 가장 마음에 드는 것 :

용기만 있다면 사장에게 진짜 해주고 싶은 말 :

사장이 내게 했던 가장 기분 좋은 말 :

사장이 내게 했던 가장 듣기 싫은 말 :

앞으로 노력해서 실천해야 할 행동 :

앞으로 쓰도록 노력해야 할 말 :

앞으로 하지 말아야 할 행동 :

앞으로 쓰지 말아야 할 말 :

회사 물품 중 집으로 가장 많이 슬쩍해 가는 것:

전문가로서 내가 가진 최고의 장점 세 가지 :

직장인으로서 내가 가진 최악의 단점 세 가지 :

나는 1년 후 어디서 무슨 일을 하고 있을까? :

5년 후에는? :

10년 후에는? :

20년 후에는? :

회계부 전산입력 담당자 고○○ 과장이다. 월말 결산보고서를 몇 번이나 제출했는데 번 번이 퇴짜 놓은 고 과장. 오늘은 기필코 해결을 봐야 한다. 어디서 담판을 지으면 좋을 까? 회사 어느 곳을 정해서 여기에 그려 넣고 실제 상황을 연습해보자.

지금 당장 일어나 사장을 향해 서류더미를 집어던지고 싶은 생각
이 용솟음치더라도... 일단 넣어둬~ 넣어둬~. 동양식 고풍스러
운 정원에 앉아 있다고 상상해보라. 벚꽃에 곱게 색을 칠하며 마
음의 안정을 되찾자.

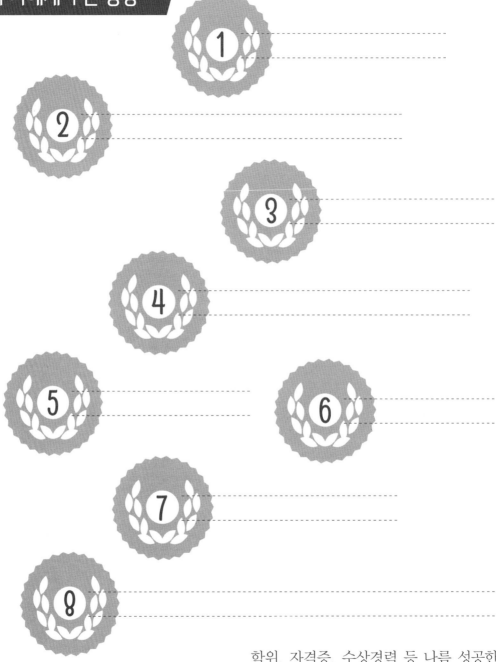

학위, 자격증, 수상경력 등 나름 성공한
인생을 살았음을 입증해주는 나만의 특기
사항을 적어보자.

상장

수상자 :

귀하는 고매한 인품을 바탕으로 기대 이상의 탁월한 성과를 보였으며,
어떠한 시련에도 굴하지 않고 강인한 도전정신을 발휘함과 아울러, 천상의 미모까지 갖추었기에
심사위원단 전원은 이에 대한 찬사의 표시로 본 상을 귀하에게 수여하는 바입니다.

날짜 :

서명 :

수여기관

꿈에 그리던 상장이다. 이름, 날짜, 수여기관을 기재하고 서명해서 나 자신에게 시상하
는 감격스러운 순간을 만끽하자.

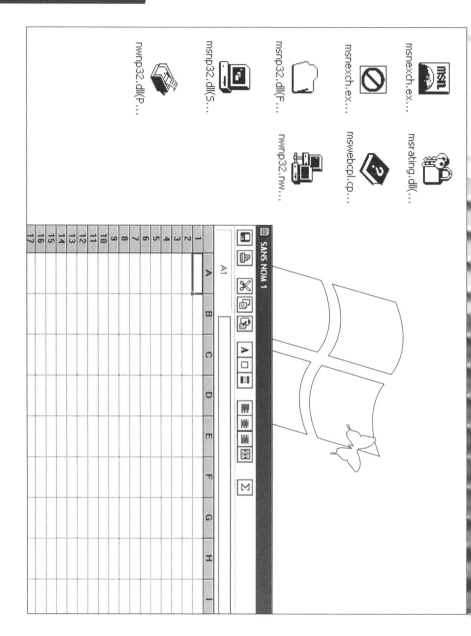

감쪽같이 속을 법한 가짜 컴퓨터 화면이다. 공들여 색칠해뒀다가 상사가 오는 기척이 느껴지면 잽싸게 컴퓨터 모니터에 갖다 대자. 꽤 효과를 볼 것이다.

살아 있는가? ⸻⸻⸻⸻ □ 그렇다 □ 아니다

건강상태가 양호한가? ⸻⸻⸻ □ 그렇다 □ 아니다

결혼을 했거나 애인이 있는가? ⸻⸻ □ 그렇다 □ 아니다

평소에 잘 걸어 다니는 편인가? ⸻⸻ □ 그렇다 □ 아니다

애정전선 이상 무인가? ⸻⸻⸻ □ 그렇다 □ 아니다

아이가 있는가? ⸻⸻⸻⸻ □ 그렇다 □ 아니다

자녀와 함께 사는가? ⸻⸻⸻ □ 그렇다 □ 아니다

판잣집이 아닌 번듯한 아파트나 주택에 사는가? ⸻ □ 그렇다 □ 아니다

전쟁이 없는 나라에서 사는가? ⸻⸻ □ 그렇다 □ 아니다

최근에 휴가를 다녀왔는가? ⸻⸻ □ 그렇다 □ 아니다

매달 주거 관리비를 꼬박꼬박 납입하고 있는가? ⸻ □ 그렇다 □ 아니다

부모님이 살아계시는가? ⸻⸻⸻ □ 그렇다 □ 아니다

가족들과 정기적으로 만나는가? ⸻⸻ □ 그렇다 □ 아니다

사회보장제도에 따른 생활보조금을 받을 권리가 있는가? ⸻ □ 그렇다 □ 아니다

아이들이 마구 장난을 치다가도 나를 보면 멈칫하는가? ⸻ □ 그렇다 □ 아니다

누군가 불순한 의도를 품었다면 훔치고 싶어할 만한
최신 휴대폰을 가지고 있는가? ⸻⸻ □ 그렇다 □ 아니다

신발을 사는 데 15만 원 이상을 투자한 적이 있는가? ⸻ □ 그렇다 □ 아니다

다이어트의 필요성을 느낀 적이 있는가? ⸻⸻ □ 그렇다 □ 아니다

바다를 본 적이 있는가? ⸻⸻⸻ □ 그렇다 □ 아니다

휴가를 가기 위해 비행기를 타본 적이 있는가? ⸻⸻ □ 그렇다 □ 아니다

늘 신세를 한탄하며 불평불만을 쏟아내기 바쁜 나. 내 인생이 정말로 그렇게 꼬였을까? 진짜로 그런지 그렇지 않은지 이 테스트로 알아보자. 각 문항에 '그렇다'로 답할 경우 2점을 매긴다. 합산 결과가 20점이 넘으면 영 형편없는 인생은 아니라고 장담할 수 있다.

나의 업무습관 분석

출근시간

퇴근시간

실제 사용한 점심시간은 몇 분?

마신 커피는 몇 잔?

피운 담배는 몇 개비?

개인적인 용무로 한 통화는 몇 통?

페이스북 또는 트위터 방문은 몇 번?

집으로 가져간 펜은 몇 개?

오늘 했던 끔찍한 회의는 몇 번?

뭇 이성에게 사랑 고백을 받은 횟수

뭇 이성의 사랑 고백을 받아들인 횟수

공황장애 증상을 보인 횟수

유튜브에서 본
귀여운 고양이는 몇 마리?

예매한 항공권은 몇 장?

이직해야지 되뇐 횟수

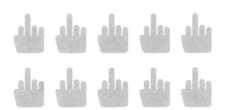

실제로 근무한 시간

직업을 바꾼다면?

□ 국경없는의사회 소속 의사

□ 〈그레이 아나토미〉 출연 인턴

□ 미슐랭 스타 레스토랑 셰프

□ 신분을 위장한 비밀요원

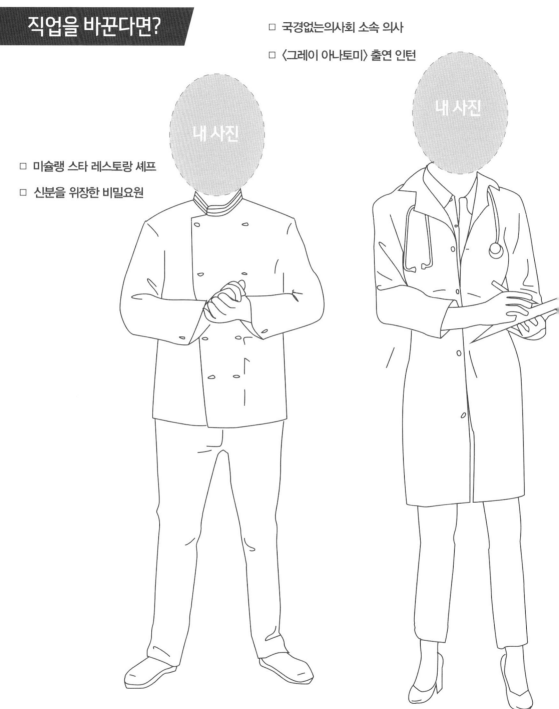

미래의 내 직업을 고른 다음, 출근 첫날

가장 멋지고 우아하게 보일 수 있도록 유니폼을 색칠해보자.

□ 과학수사 전문기자

□ 슈퍼 히어로

내 사진

□ TV쇼 진행자

□ 패션 디자이너

내 사진

미래에 내가 만들 신생 회사의 로고를 구상해서 그려보자.

상사 ....

나 ....

상사 ....
....
....

나 ....
....
....
....
....

상사 ....
....

나 ....
....
....
....
....

상사 ....

나 ....

다음번 연간 인사고과 면담에서 상사와 나눌 대화 내용을 예상해서 써보자. 어투를 공손
하게 하든 나 편한 대로 하든 일관되게 적용하자.

나를 위한 명패를 만들자! 위 칸에는 내 이름을 또박또박 쓰고, 아래 칸에는 희망하는 직업(마술사, 헛소리 감시자, 요정, 모욕감 감내자, 분위기 깨는 사람 등)이나, 나에 대해 전혀 모르는 사람들에게 전하고 싶은 메시지(애인 없음, 바보들에게는 일일이 설명 안 하겠음, 저녁 6시 30분 이후 접근금지 등)를 쓴다. 점선을 따라 오려내 반으로 접으면 완성! 사무실 책상에 올려두고 내가 어떤 일을 하는 사람인지 알려준다. 회의 때 내가 전하고 싶은 메시지를 올려두어도 좋다. 나머지 하나는 동료에게 만들어주면 어떨까?

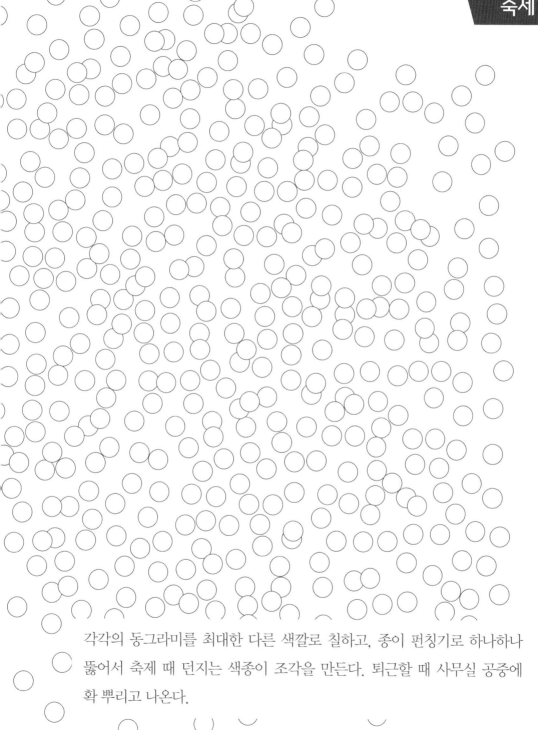

각각의 동그라미를 최대한 다른 색깔로 칠하고, 종이 펀칭기로 하나하나 뚫어서 축제 때 던지는 색종이 조각을 만든다. 퇴근할 때 사무실 공중에 확 뿌리고 나온다.

저는 반짝 반짝이는 축제의 뒷면이랍니다.

칼라시니코프(kalachnikov)가 있었으면 좋겠다는 생각이 들 때가 있는가? 아름다운 꽃을 둘러서 함께 색칠하다 보면 마음이 진정될 것이다.

사장님 귀하

나 자신에게 실망한 적이 있는가? 혹시 지금 부당한 행위를 저지르고 있는가? 이를 낱낱이 고발하는 익명의 편지를 쓰자. 그런 다음 이 페이지를 찢어내서 먹어치우자. 동료들 틈에 놔두는 것보다는 나을 테니까!

인형의 머리 안에는 평소에 나를 갈
구는 사장이나 동료의 얼굴을 그려
넣자. 이제 마구 클립을 꽂고 펜으
로 쿡쿡 찌르자! 한쪽 팔을 꽉 부여
잡고 한쪽 다리를 쑥 뽑아버리자!
그동안 쌓인 분이 말끔히 풀리도록!
그 원수가 다시는 꿈자리에 나타나
지 못하도록! 여한 없이 하고 싶은
대로 해코지할 시간이다!!

감사의 말

이 책에 관한 기발한 착상을 던져준 로르−엘렌(Laure−Hélène), 재치 만점의 삽화를 그려준 마농(Manon), 의상을 협찬해준 도날드 카드웰(Donald Cardwell), 팀원들을 이끌고 기쁜 마음으로 편집과 출간을 진행해준 출판사 담당자 여러분, 다시는 컨설턴트가 되지 말라고 강력히 조언해준 티에리 아디송(Thierry Ardisson), 이 프로젝트를 최대한 신속히 완료하는 데 도움이 된 모든 프로그램들(Codir, Copil, Milestone, PowerPoint), 내가 텔레비전에 나가 바보처럼 횡설수설할 때도 한결같이 나의 곁을 지켜준 부모님, 생각지도 못한 부분까지 모든 면을 성심성의껏 챙겨준 스테파니 엘(Stéphanie L)에게 고마움을 전합니다. 특별히 엠마(Emma)와 나탄(Nathan)에게는 진한 사랑을 함께 실어 보냅니다.

지은이 스테판 리베로(Stéphane Ribeiro)

이 책을 지은 스테판 리베로는 프랑스의 방송작가이다.

대학에서 정보통신기술을 전공하고 파리 소재의 프랑스 각료회의에서 전략 기획 컨설턴트로 사회 첫발을 내디뎠다. 몇 년 뒤 직업을 전향하여 프랑스 민영방송 카날 플뤼스(Canal +)의 방송작가로 입사해 인기 코미디언 오마르(Omar)와 프레드(Fred) 듀오가 진행하는 오락쇼 〈비지오폰(Visiophone)〉의 대본을 집필했다. 이후 배우 알랭 샤바(Alain Chabat)의 퀴즈 프로그램 〈버거 퀴즈(Burger Quizz)〉, 티에리 아디송(Thierry Ardisson)의 토크쇼 〈투 르 몽드 엉 파흘르(Tout le monde en parle)〉에 작가로 참여했다. 그 밖에 어린이 드라마 〈앵포푸에(Infopouet)〉와 코믹 미니시리즈 〈사만다(Samantha)〉를 비롯해 예능 프로그램 〈르 케스키키(Le Keskiki)〉, 〈드롤 데퀴프(Drôles d'équipe)〉, 인기 진행자 나기(Nagui)의 〈사 바 에트르 보트르 페트(Ça va être votre fête)!〉 등 다수의 텔레비전 방송에서 작가로 활동하고 있다.

또 다른 저서로는 연인들의 사랑에 회의적으로 접근한 〈연인에 관한 모든 것(Tout sur nous)〉(2007, Les Arènes), 십대들의 신조어를 분석한 〈프랑스 십대들의 어휘 사전(Dictionnaire Ados Français)〉, 옛 시절 대중문화에 대한 향수를 일깨우는 〈옛날이 좋았지(C'était mieux avant)〉 등이 있다.

옮긴이 김세은

중앙대학교 불어불문학과를 졸업한 후 '월마트코리아' 개발부, 프랑스 수에즈그룹 계열사 '데그레몽', 호주 스킨케어 브랜드 '이솝'에서 홍보와 구매 업무를 했다. 현재 번역 에이전시 엔터스코리아에서 출판기획자 및 전문번역가로 활동하고 있다. 옮긴 책으로는 《희망에 미래는 있는가: 잃어버린 희망을 찾아가는 인문학 여정》, 《에릭 케제르의 정통 프랑스 디저트 레시피》, 《밀랑 워크북(출간예정)》 등이 있다.

직장에서 또는 학교에서 그리고 여러분이 계신 어느 곳에서든

오늘 하루도 승리하십시오. 건투를 빕니다.